Qui est Terry Fox?

Denise Dias

Illustrations de
Noémie
Gionet Landry

Texte français de
Vanessa Brunette

SCHOLASTIC

Terry a un grand frère, un frère cadet et une petite sœur. Quand il s'amuse avec eux, c'est toujours une aventure.

Pendant son enfance, Terry aime tous les types de sport, mais surtout le basketball. Il s'entraîne beaucoup afin de devenir un bon joueur.

Mais à l’adolescence, Terry tombe malade. Il doit faire preuve de courage lorsqu’il perd sa jambe droite.

Terry rêve de poser un grand geste pour aider les gens malades, comme lui.
Il décide donc de traverser le Canada à la course dans un Marathon de l'espoir.

Une fois guéri, Terry fait beaucoup d'efforts pour réapprendre à marcher, puis à courir.

Heureusement, il peut compter sur les encouragements de ses amis.
Son meilleur ami, Doug, décide même de l'aider avec le Marathon de l'espoir.

Terry est reconnaissant du soutien de sa famille alors qu'il se prépare pour cette aventure incroyable. Il est enfin prêt.

Le Marathon de l'espoir débute à St. John's, dans la province de Terre-Neuve-et-Labrador. Terry trempe sa jambe artificielle dans l'océan Atlantique, puis commence sa course.

Au début du marathon, des tempêtes apportent de la pluie, du grésil, de la neige, de la grêle et de la glace. Mais beau temps, mauvais temps, Terry court tous les jours.

Doug et Darrell, le jeune frère de Terry, lui tiennent compagnie tout au long de sa course. Ils aiment plaisanter et se faire rire les uns les autres.

Sur sa route, Terry fait la connaissance de personnes gentilles et généreuses. Certaines lui offrent un endroit pour se reposer, d'autres lui préparent quelque chose à manger. Toute cette course donne faim à Terry!

Terry reste en contact avec
les membres de sa famille
pendant le marathon.
Il ressent leur amour même
lorsqu'il est loin d'eux.

Terry court près d'un marathon tous les jours. C'est 42 kilomètres! Il part avant le lever du soleil et ne termine sa course qu'en fin d'après-midi.

Chaque jour est une aventure.
Terry consigne ses pensées et
ses progrès dans un carnet.
Il veut se souvenir de tout.

Il a même emporté une cruche qu'il a remplie d'eau de l'océan Atlantique, qu'il souhaite verser dans l'océan Pacifique à la fin de son périple.

Les gens admirent Terry partout où il passe. Ils l'encouragent, heureux et fiers de contribuer au Marathon de l'espoir.

De nombreux journalistes souhaitent rencontrer Terry et lui poser des questions sur son rêve d'aider les gens.

La nouvelle du Marathon de l'espoir se répand, et rapidement, des foules immenses se rassemblent pour voir Terry. Il y a même des gens qui courent avec lui pendant un certain temps.

Au cours des 5 373 kilomètres qu'il parcourt, Terry use onze de ses chaussures préférées... neuf au pied gauche et deux au pied droit!

Parfois, Terry se sent fatigué et endolori. Mais il continue à se lever tôt tous les jours et à courir, coûte que coûte. Son marathon est important.

Le Marathon de l'espoir de Terry unit les gens à travers le Canada. Tout le pays suit ses progrès et l'encourage à continuer.

Pendant sa traversée des provinces de l'Atlantique, du Québec et de l'Ontario, Terry vit avec son meilleur ami et son frère dans une fourgonnette. Mais alors que le trio arrive à Thunder Bay, Terry retombe malade et doit mettre fin à sa course.

Terry n’a pas pu terminer sa course à travers le Canada, mais il a accompli quelque chose de bien plus grand encore. La nouvelle du Marathon de l’espoir s’est répandue dans le monde entier.

Le marathon de Terry est un exemple qui montre qu'une seule personne peut faire une grande différence. Terry a inspiré des gens d'autres pays à réaliser son rêve.

Terry croyait que tout était possible si l’on essayait. Toi aussi, tu peux faire des choses extraordinaires!

Terry a utilisé son énergie et sa positivité pour aider les autres, et sa joie de vivre continue d'inspirer les gens du monde entier.

Marche
Course Terry Fox
Roule!
Pédale

Aujourd’hui, la Course
Terry Fox a lieu chaque automne
dans des écoles et des quartiers.
Chacun peut contribuer à maintenir en vie
le rêve de Terry, que ce soit en marchant,
en courant, en roulant ou en pédalant.

Comment a couru Terry Fox

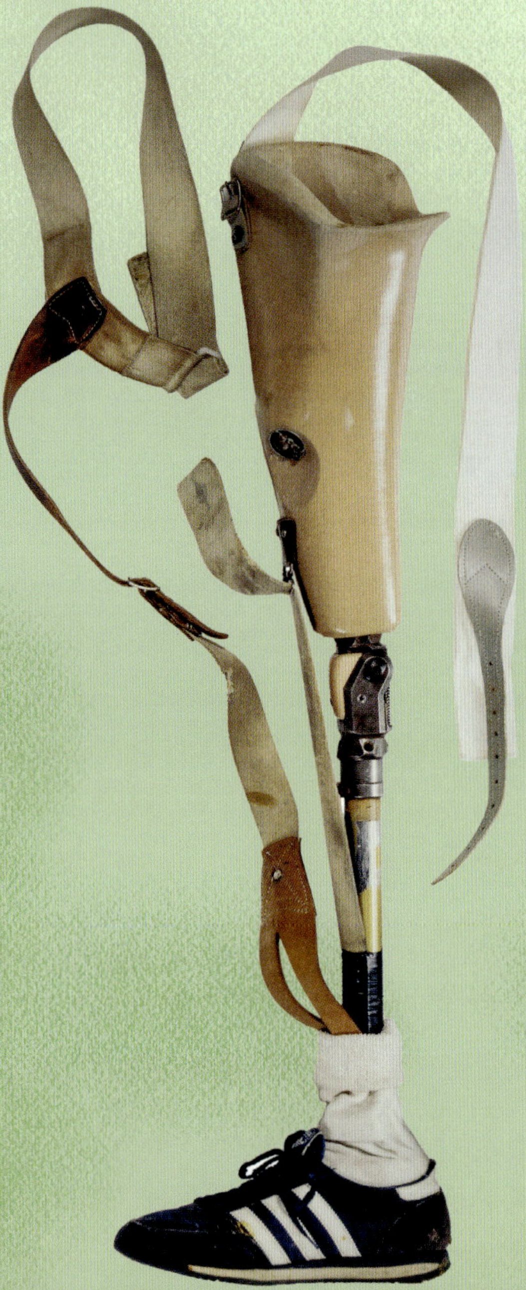

Terry a couru avec une jambe artificielle conçue principalement pour la marche. Sa course a inspiré les chercheurs et chercheuses à mettre au point des prothèses avec des « lames » à ses extrémités, permettant aux athlètes qui les utilisent de participer à des compétitions de haut niveau.

Comme beaucoup de grands athlètes, Terry était superstitieux. Il a porté cette chaussette sur sa prothèse pendant 143 jours d'affilée lors de son Marathon de l'espoir. La mère de Terry a trouvé son bas chanceux caché au fond d'une commode.

Le rêve de Terry

La mère de Terry a toujours encouragé ses enfants à terminer ce qu'ils commençaient, quel que soit le projet. Elle a encouragé Terry à développer son amour du sport et l'a toujours soutenu. Nous pouvons tous contribuer à terminer ce que Terry a commencé avec son Marathon de l'espoir en participant à la Journée annuelle Terry Fox, en soutien à la recherche contre le cancer, et ainsi aider à la réalisation de son rêve d'un monde où le cancer n'existe plus.

Pour Russell, Luisa et Oliver, les personnes que j'aime le plus au monde et qui me font croire que tout est possible.
— D. D.

Pour Maude, dont le dévouement inébranlable à l'égard de ses patients et patientes honore chaque jour l'héritage de Terry. Et pour ma mère, qui a fait de même avec ses patients et patientes pendant 40 ans.
— N. G. L.

Tous les droits d'auteur de ce livre sont généreusement versés à la Fondation Terry Fox en vue de soutenir le rêve de Terry, un monde sans cancer.

Catalogage avant publication de Bibliothèque et Archives Canada

Titre: Qui est Terry Fox? / Denise Dias ; illustrations de Noémie Gionet Landry ; texte français de Vanessa Brunette.
Autres titres: T is for Terry. Français
Noms: Dias, Denise, 1982- auteur. | Gionet Landry, Noémie, illustrateur.
Description: Traduction de : T is for Terry.
Identifiants: Canadiana 20240517121 | ISBN 9781039707313 (couverture souple) | ISBN 9781039707306 (couverture rigide)
Vedettes-matière: RVM: Fox, Terry, 1958-1981—Ouvrages pour la jeunesse. | RVM: Personnes atteintes de cancer—Canada—Biographies—Ouvrages pour la jeunesse. | RVM: Coureurs—Canada—Biographies—Ouvrages pour la jeunesse. | RVM: Alphabet—Ouvrages pour la jeunesse.
Classification: LCC RC265.6.F68 D5314 2025 | CDD j362.19699/40092—dc23

Édition publiée par les Éditions Scholastic, 2, rue Bloor Ouest, bureau 401, Toronto (Ontario) M4W 3E2, Canada.

6 5 4 3 2 Imprimé en Chine 62 26 27 28 29 30

MIXTE
Papier | Pour une gestion forestière responsable
FSC® C020056